FERNAND BOURNON

LA MISÈRE

DANS LE BLÉSOIS

En 1662

BLOIS
IMPRIMERIE R. MARCHAND, RUE HAUTE, 2.
1882

FERNAND BOURNON

LA MISÈRE DANS LE BLÉSOIS

En 1662

BLOIS
IMPRIMERIE R. MARCHAND, RUE HAUTE, 2.
1882

Tiré à 100 exemplaires.

N⁰ 77

LA MISÈRE

DANS LE BLÉSOIS

En 1662.

1662...! Si on ouvre à cette date une histoire de France, n'importe laquelle, en 200 pages ou en 20 volumes, on s'y persuadera que l'année 1662 a été pour notre pays l'aurore d'une ère de gloire et de prospérité. La Fronde définitivement terrassée, le mariage récent du jeune roi, l'arrestation de Fouquet, étaient autant de garants de la paix de l'Europe et de la tranquillité à l'intérieur.

Est-il besoin de rappeler ce que les sciences, les lettres, les arts allaient donner de splendeur au siècle de Louis XIV ? Corneille, Molière, La Fontaine, Boileau, Racine, s'il ne faut citer que quelques noms, voilà pour qui l'année 1662 allait être le point de départ de l'immortalité.

Comment croire qu'à cette même époque les populations des campagnes aient été décimées, dépeuplées par la plus atroce misère qu'on puisse concevoir ? Comment croire que cette belle région des rives de la Loire, la Beauce, la Touraine, que dès alors on appelait le grenier et le jardin de la France, ait été assez dévastée pour que ses habitants en fussent réduits à deux alternatives : mourir de faim ou manger quelque charogne pourrie, quelquefois même se dévorer eux mêmes les mains et les bras ?

Un homme, cependant, le disait, et dans un style admirable ; mais devait-on ajouter foi à une boutade d'écrivain misanthrope et sceptique, soucieux avant tout d'une figure de rhétorique ou d'une période à effet ? Il faut le reconnaître maintenant ; la Bruyère est plutôt resté en deçà de la vérité qu'il ne l'a dépassée ; on s'en convaincra en lisant l'enquête qui suit ; son étendue ne nous a pas empêché de la transcrire en entier ; nous déclarons même que nous l'aurions souhaitée plus complète dans ses tristes détails :

Par devant nous, René Grymaudet, escuier, sieur de la Croiserie, conseiller du Roy en ses conseil d'Estat et privé, lieutenant general des bailliage, siège présidial et gouvernement de Blois, sont comparus les prieurs et curés des paroisses circonvoisines du dit Bloys cy après desnommez, lesquels, le serment d'eux pris en la présence du procureur du Roy en ses comté et bailliage, et des sieurs eschevins de cette ville, ont juré et affirmé les certificats qu'ils ont mis entre nos mains de la misère de leurs paroisses et des effects d'icelle véritables, desquelles attestations avons extrait ce qui ensuit :

Qu'il n'y a pas la vingtième partie de leurs parroissiens qui ne soient reduictz à demander publiquement l'aumosne et coucher sur la paille, les uns à plate terre, et les autres eslevez sur de mechans charlits qu'ils se sont faict eux mesmes à coups de goué, et soustenus de quatre meschans paux, à cause que les collecteurs ont enlevé pour la taille sy peu ès meubles qu'ils avoient, leurs lits, draps, couvertures et jusques au moindre linge servant à leur usage.

Que les dits curez ou leurs vicaires ne trouvent pas seulement dans leurs maisons un petit morceau sur lequel il puisse mettre et reposer le saint sacrement qu'ils vont porter aux malades.

Que les dits paroissiens depuis trois mois vivent de troncs de chou et des racines qu'ils vont dérober dans les jardins, qu'ils paissent l'herbe en plaine campagne ainsy que les bestes, mangent les vaches, veaux, brebis et touttes sortes d'animaux qui meurent de leur mort naturelle, mesme le sang des bœufs et des porcs sy tost qu'ils sont esgorgés, et la chair toutte crue des chiens, chats, asnes, chevaux et autres bestes que l'on jette à la voirie.

Qu'il n'y a que quatre ou cinq habitans au plus, dans chacune paroisse, qui ayant semé leurs terres, partie des autres estant restées à faire faute de chevaux, et partie à ensepmancer, faute de grains.

Q'oultres ces effets de la pauvreté qui sont communs à touttes leurs parroisses, il y en a d'autres arrivez ez chacune d'icelles, produits par la faim, la rage et le désespoir, dont le récit faict horreur.

Rousseau, curé de Chambon, distant de deux lieues de Blois, affirme avoir enterré depuis peu vingt-cinq garçons aagez de douze à treize ans, et treize autres personnes tous mors de faim, sans y comprandre les petis enfans à la mamelle dont il n'en eschape aucun, ne pouvant plus trouver de laist ny de noriture au seing de leurs mères, qui en manquent pour elles-mêmes.

Que tous ses parroissiens pouvoient bien mourir manque de cinq sols pour payer une saignée, et que, depuis peu, il a enterré une femme morte faute de ce soulagement.

Qu'il a aussy enterré depuis neuf à dix jours trois personnes qui sont mortes de faim en un seul jour, excepté une pauvre femme qu'il ne peut dire sy elle est morte de faim ou de trop manger, ou bien ces deux extremités ensemble, parce qu'ayant esté trois jours sans manger, et estant venue à Blois, elle auroient trouvé des gens charitables qui ayans compation de sa misére peinte sur son visage tout décharné, leur auroient donné du pain et de la viande plus qu'il n'en falloit à une personne quy avoit tant jeusné, en sorte que s'en retournant au dit Chambon, elle creva sur le chemin et mourut dans la forest de Blois ou elle demeura tout le reste du jour, et la nuit suivante jusqu'au lendemain sur les neuf à dix heures du matin, à la mercy des loups et autres bestes carnassières.

Sçait de science certaine qu'une femme ayant accouché avec des douleurs extraordinaires et n'ayant veu de pain de quatre jours, qnelque soing qu'eust pris son mary d'en quester, le cinquième jour, pendant que son dit mary en étoit allé chercher, pressée de la faim, se leva toutte languissante sur un méchant drap et se traisna dans des vignes proche la maison, pour avoir quelques herbes à manger.

Qu'il a veu de ses yeux qu'un de ses voisins ayant un cheval malade, plus de quinze jours avant qu'il mourust, plusieurs pauvres estoient à touttes heures à la porte de l'escurie où il estoit, pour s'informer de sa mort, qui estant arrivée, enlevèrent aussitôt le dit cheval et n'en laissèrent pas perdre un seul morceau ny du corps ny des issues, qu'ils emportèrent dans leurs maisons.

Delaruelle, curé de Candé, à trois lieues de Blois, raporte que, depuis sept jours, il a enterré Françoise Courtaut, fille du bourg de Madon dépendant de sa parroisse, qui ayant vescu longtemps de ces bestes mortes que l'on jette à la voirie estoit enfin morte de faim après s'estre rongée le bras jusqu'au coude.

A aussy enterré depuis peu cinq enfans aagez de huit à dix ans tous morts de faim, et qui ont esté trouvez dans des chaumes, tenans dans leurs mains des carcasses de charongnes pleines de vers.

Vivier, curé de Cheverny, déclare avoir veu plusieurs de ses habitans manger du chenevis comme il se recueille, ainsi que les oiseaux, qu'il en a veu aussy plusieurs après des brebis mortes de maladies puantes et infectes.

Que depuis la Toussaint, il a plus enterré de personnes mortes de faim que depuis six ans en ça, de mort causée par autres maladies, qu'il en a trouvé six morts sur le chemin qui sont tombez faute de pouvoir se soustenir.

Qu'il y a cinq ou six jours que l'on trouva un pauvre homme qui estoit monté dans le grenier d'un des dits habitans, où il estoit mort de faim, et qui estoit corrompu d'infection.

Que la faim a contrainct un pere de s'en aller de sa maison et de laisser un enfant de deux ou trois ans à la porte de l'église, que l'on trouva un matin tout en sang.

Que plusieurs des dits habitans qui sont mors de faim, en recepvant les sacrements et estant prests d'expirer, ont dit au prebstre qui les administroit qu'ils avoient esté huit jours sans manger de pain ny autre chose.

Qu'il a enterré plus de trente à quarante enfans mors trois ou quatre jours après qu'ils ont esté baptisés, et qu'il en est à présent ainsy de tous les dits enfans, parce que les meres ne les pouvoient nourrir, faute de lait et de farine pour leur faire de la bouillie.

Baudouin, curé de Mer, à quatre lieues de Blois affirme avoir veu des habitans ayant quelques vignes et maisons dans la ville de Mer, estre reduites à telle extrémité que d'arracher le bout charnu et souchaux de leurs vignes, découvrir leurs maisons pour en vendre la tuille, afin d'avoir un morceau de pain.

Que les deux tierces parties des vignes des habitans qui font le seul bien de la dite parroisse sont en frische et desert, et qu'il a enterré depuis six mois en ça cent cinquante personnes tant hommes, femmes que petits enfans qui sont morts de faim, le pain y vallant cinq sols la livre et le vin qui est l'unique bien du pays n'y vallant que soixante et dix sols le poinsson, quoyque les fusts ayent cousté aux vendanges dernières soixante sols.

Grillet, curé d'Huisseau, à deux lieues de Blois, asseure que dans sa paroisse il y a quatre cens cinquante cinq pauvres qui languissent de faim, et qu'il ne se passe point de jour qu'il n'en enterre trois ou quatre ; que sy peu de jardinages et terre que les dits habitans s'efforcent d'ensepmencer est aussy gapaillé et mangé des bestes fauves qui sont dans les forests qui environnent la dicte parroisse.

Fouqué, curé d'Ouchamps, distant de deux lieues et demie de Blois, assure avoir veu dans les champs plusieurs habitans après une brebis, qui malgré luy la déchirèrent et mangèrent, et sur ce que le dict curé les menaça de les mettre en justice pour les faire mourir, ils luy repartirent qu'on ne pouvait leur faire plus grand plaisir.

Qu'il a enterré et son vicaire dix ou douze

personnes tombées mortes de faim dans les rues.

A veu aussy plusieurs pauvres gens de sa paroisse enlever plusieurs vaux et autres bestes, sy tost qu'elles se jettent hors des estables.

Rondeau, curé de Monteaux distant de quatre lieues de Blois, dit que sa paroisse est composée de neuf vingts (180) feux, et qu'il y a sept cens parroissiens actuellement in- mendians, qui meurent tous les jours de faim, et qu'il ne se passe point de jour qu'il n'en enterre trois ou quatre.

Drouault, curé de Meslan, affirme avoir veu depuis huict jours cinq ou six enfans se jetter sur un chien mort que l'on traisnoit hors du bourg, et qu'ils en mangèrent la plus grande partie ; que de cinq cens parois- siens qu'il a, il n'y en a pas trois qui man- gent du pain, et qu'il enterre par jour cinq ou six morts de faim.

Barré, curé de Vigneuil, à demy lieue de Blois, raporte avoir enterré trente personnes dans sa parroisse depuis peu, qui sont tous morts de faim et desnommez par son certi- ficat, entre lesquels estoient cinq enfans appartenans à Laurent Gilles qui asseura le dict curé avoir esté trois jours sans manger de pin, qu'il y a quatre cens cinquante men- dians dans sa parroisse dont il a veu quelques uns manger de la chair d'un cheval que l'on avoit jetté prest le pont de Vigneuil, en sorte que cet aliment pouvoit engendrer plusieurs maladies, comme gratelle, et furoncles dangereux.

Ribou, curé de Cellettes, distant de deux lieues de Blois, asseure qu'il y a dans sa parroisse plus de quatre cens soixante et quinze pauvres qui demandent l'aumosne, dont les noms sont declarez par son certificat et qu'il en enterre tous les jours trois ou quatre qui sont morts de faim à cause des charongnes dont ils sont nourris.

Simart, curé de Saint Denis, raporte qu'il s'est transporté dans les hameaux et villages qui composent sa parroisse, estans au nombre de huict, sçavoir le bourg de Saint-Denis, les villages de Macé, Villefolet, Villemanzy, Villeneufve, Villesecron, Le Mée et Viliers, dans lesquels villages il y a deux cens familles qui composent mil à unze cens personnes, dont il y en a plus de huict cens qui vivent d'herbes et de racines, et les autres d'un peu de son et de grenage partie cuit, partie meslé avec un peu de vin et d'eau, ce qui rend les dits habitans sy foibles qu'ils ne peuvent travailler aux terres ny aux vignes, et meurent de jour en jour, faute de nourriture.

Qu'il a veu dans la dicte parroisse que les

animaux que l'on jette à la voirie sont aussy tost enlevez par les dits pauvres, lesquels les deschirent, et emporte chacun son morceau, ce qui reduict les dits pauvres en tel estat que leur visage fait peine, tant il est defiguré ; que, nonobstant cette disette, les sergens des tailles vont touttes les sepmaines par la dicte parroisse ; qui prenent et emportent sy peu de meubles qu'il leur reste, et rompent les portes des dits habitans, contre lesquels il y a une contrainte solidaire decernée dès le mois de Juin ou Juillet dernier, en vertu de laquelle, pour la taille de l'année mil vi° soixante un, cinq particuliers ont esté emprisonnez, quoy qu'ils ayent payé leurs taux.

Que la mauvaise noriture dont subsistent les pauvres gens de la dite parroisse engendre une telle malégnité et corruption dans leur corps que l'air en est déjà infecté, et les maladies très communes.

Que le dit curé ou ses vicaires ont enterré depuis deux mois en cà jusques au nombre de cent personnes et plus, dont la plupart sont morts de langueur causée par la faim.

Dont et de tout ce que dessus avons dressé le present procès verbal suivant les ordres du Roy qui nous ont esté donnez en escript par monseigneur le marquis de Sourdis, gouverneur d'Orléans et de toutte la province, et ordonne que les autres curez du bailliage de Blois et resort d'icelly seront derechef mandez et advertis de nous apporter incessamment les attestations et certificats de la missive de leurs paroisses et des pauvres d'icelle, ensemble du nombre de ceux qui ont esté emprisonnez pour la taille en vertu de contraincte solidaire. Fait et donné à Blois au mois de mars 1662. Grimauldet, Demotheux, Belot, Ducloq, Briais, Decaux. »

Tout commentaire serait bien faible après ces brutales dépositions, en présence de cette sécheresse de procès-verbal, qui nous sont une double garantie d'authenticité. Et qu'on ne s'imagine pas qu'il s'agit là d'une de ces catastrophes fortuites dont une région peut être accablée tout à coup ; non, l'effroyable misère dont on vient de voir le tableau, a été l'état normal des populations rurales pendant les plus belles années du plus glorieux siècle de l'histoire : nous n'en voulons d'autre preuve que le livre de M. Feillet, *La Misère sous la Fronde et Saint-Vincent de Paul*, tout plein de documents du même genre, de descriptions aussi poignantes.

De pareils récits ont une autre portée que

que celle de souvenirs historiques du passé; à eux seuls, avec leur éloquence naïve et irréfutable, ils contiennent la condamnation d'un régime politique mieux que les plus brillants plaidoyers.

Fernand BOURNON.

www.ingramcontent.com/pod-product-compliance
Lightning Source LLC
Chambersburg PA
CBHW061608040426
42450CB00010B/2382